AF417641

El riesgo de conocerme...

# FUEGO EN EL ALMA

Gilmha Camargo Aguirre

Titulo original:
El riesgo de conocerme…
FUEGO EN EL ALMA

GILMHA CAMARGO AGUIRRE
ISBN: 978-958-49-0339-6

Corrección de estilo Elizabeth Lozano Delgado
Revisión gramatical y carátula Gabir Soto

Diseño e Impresión:
Grafiboy - Teléfono 743 1050
Tunja - Boyacá - Colombia.

# INDICE

# Prólogo

Después de incursionar en la creación poética, Gilma Camargo Aguirre, por experiencia adquirida, ya sabe cuántos eslabones superar. Alguno puede visualizarse en su inspiración. Entiende con correcta conciencia lo que puede lograr y lo que está asignado a la imaginación. Esta búsqueda, tal vez de significados próximos, se aplica a las composiciones y al dedicado ejercicio a diario, considero que su fervor por la literatura es capaz de la enunciación feminista o de la metódica temática amorosa o de la simbología particular encontrada para trasladar todo en armonía con la verificación; pienso con mucha objetividad, que terminamos por comprender las cualidades análogas de los alegatos de la intimidad o de las infracciones peculiares del amor. Me atrevo a dilucidar, sin reservas, que el arte poético es un soporte delicado y una larga cadena para lograr piezas predominantes y surtidor de esquemas y especies de juegos de palabra sugerentes. De no tratarse como debe ser, la poesía sería un elemento banal. Claro está, en El riesgo de conocerme...Fuego en el alma, la autora no pasa por esta instancia; encontramos en su obra recursos empleados por Gabriela Mistral al igual que la poetisa mística tunjana

Francisca Josefa del Castillos y Guevara, del evolucionar de Dora Castellanos y de las generaciones de poetisas connotadas o desconocidas. Muchas veces no nos convence el lenguaje rebuscado que puede tener la tendencia de conducir a la retórica. Gilma no ha transitado dicho camino. Ella con destreza y talento, nos entrega una poesía fresca. Cada trabajo aunque está muy bien elaborado, inicia un ciclo y propone otro sin tapujos.

Este conjunto de poesías que han dado vida al libro culminado con éxito, le ha tomado mucho tiempo a la rapsoda en una ceremonia llena de secuencias positivas, el cláustro ha sido el terruño y el paraíso caluroso de su hogar, vale mucho en su deseo por decir con las licencias literarias facetas existenciales. Este borrar, tachar, desechar y corregir que tanto dolor de cabeza da al oficiante de la palabra, le propone a ella la revelación de un libro feliz. Se ha tomado a conciencia algunos conceptos estéticos precisos para lograr una obra con mucho volumen creativo. No es descabellado especular que el sentimiento está presente desde el principio a fin de la obra. Puede combinar elementos de las técnicas de verificación, mesclando aspectos muy interesantes, recurriendo en algunas circunstancias a la argumentación prosódica, logra, de manera práctica, entregar su interpretación personal de un lirismo bien abordado.

La idea generadora de un poema insinúa con variedades de imágenes. Gilma se propone la explosión íntima, pero no de una forma vulgar, ha procurado no olvidar lo aprehendido para rescatar de los recuerdos y los sueños bifurcados anhelos. Su posición ante la realidad tolera la delicadeza de lo maravilloso; ha sido una exigente escribana y una consecuente aeda de la mágica connotación confesional. No obvia la esencia pedagógica de la escritura, el logro parece su regla, lo estético un esfuerzo funcional. Considero que esta muestra poética: que nos entrega deja vestigios de gran dominio lírico, tal vez sea digno de resaltar su modestia, humildad y sencillez que vierte en cada ejercicio poético, sin atisbo alguno de exageración.

GILBERTO ABRIL ROJAS
Miembro de las Academias Colombiana
y Boyacense de la Lengua

# Presentación

Gilma Camargo Aguirre es una noble poetiza, nacida en Paipa Boyacá en el seno de una familia trabajadora, fue moldeando desde su infancia su paso por la palabra con el verbo que comunica poderosamente; una vez concluye sus estudios primarios en procura de una mejor calidad de vida se traslada a Bogotá, ciudad que la acogió como alumna del Liceo femenino de Cundinamarca, donde arraigó su pasión por el estudio de la psicología del individuo y sus manifestaciones. Graduada de la Universidad Incca de Colombia como abogada, y especializada en Gerencia Pública. Ha litigado en varias regiones del país y prestado sus servicios profesionales en varias entidades como la Honorable Cámara de Representantes, Secretaría de Ambiente, Secretaría de Integración Social, Secretaría de Salud y Contraloría General de la República. Su participación activa en espacios comunitarios, asociativos y pedagógicos, la han hecho merecedora de reconocimientos públicos por su liderazgo social. Recibió el Premio a la Innovación, otorgado por la Fundación Corona y posteriormente Premio Líderes de Bogotá, dado por la Alcaldía Mayor de Bogotá. Sin embargo, su amor por el acto poético nunca lo abandonó y hoy se ve reflejado en su primer

libro, EL RIESGO DE CONOCERME... FUEGO EN EL ALMA.

La propuesta que hoy ponemos a consideración del público amante de la poesía delirante, onírica, tal vez frenética, romántica y envuelta de misticismo, dejan entrever fuego en el alma de quien lo sella con su pluma. Fruto es de sus propias vivencias y el resultado de largos momentos de intimidad, con el abrazo de lo trascendente y lo natural, que ha teñido su alma con el matiz de mil fuegos y desvelos; que bajo ésta audaz sonoridad poética, presento para nuestro deleite. Por último, no se trata de publicar sólo unos versos; lo más notable es la paciente búsqueda de sensaciones o realidades, derivadas del sentimiento amoroso que al arribar a este mar de emociones, se tornan en remanso, en espejo y en volcán de nuevas vivencias. Los invito a disfrutar de éste regalo de amor, sumergidos en el caudal de sus ardientes llamas.

ELIZABETH LOZANO DELGADO
Abogada especializada en Derecho Administrativo y
Derecho Ambiental
Profesional en Hotelería y Turismo

# Introducción

Mis cincuenta y un años han sido un buen momento para recopilar el sentir de muchos años. No he inventado en palabras ni he sentido nada que todos no hayan sentido: el regocijo de ver en cada mañana los múltiples colores de este hermoso planeta, la experiencia que siente mi piel al frío, el calor, las caricias; el placer en mi paladar al disfrutar los sabores dulce, amargo y los efectos del fermento. Escuchar los sonidos bulliciosos del silencio, el irrumpir mi sueño el canto de un pájaro copetón; son miles los acordes y notas que disfruto. Qué decir de éste eficaz poder que se me ha otorgado: la palabra. Con la palabra he quebrantado, ofendido, alabado y también dado vida, al sentir que mi espíritu es uno con la múltiple y diversa creación. Que he sido una copa de agua tomada del lago Sochagota; también el aire, el fuego, el viento, un grano de arena. Ellos han sido motivadores en mi humilde y pequeño recorrido por este planeta de sueños. Por ello, ahora me uno al canto eterno de gratitud, por la oportunidad que me dio esta maravillosa existencia de nacer en este planeta. Gracias a mis queridos padres Angélica Aguirre Casallas y Luis Ignacio Camargo

Martínez, por sus cuidados y el amor que de ellos recibí; y a mis queridos hijos Daniel Leonardo y José Emanuel, por elegirme como su alma guía en esta existencia.

# FUEGO En el ALMA

# EL DOLOR DE TUS PASOS

Cómo te duele ya...
Cómo te duele ya toda la vida.
Pasos sobre pasos recoges tus pasos.
En un solo aliento, cuánto desaliento.
Cómo te prolongas en esta existencia.
Cómo te levantas si te faltan fuerzas.
Llevo yo mis manos a tus suaves manos.
Quiero trasmitirte, fuerza de mi fuerza.
Quiero compartirte todo mi aliento.
Quiero yo impregnarte de toda mi vida.
Quiero que te prolongues a través de mí,
como yo lo hice a través de ti.
Pero en vano es querer, ya no puede ser...
Se marca tu ida, tu gran despedida.
Quiera yo... o no quiera... nada puedo hacer.
Sólo con tu voz prolongas tú existencia.
Dame pues tus manos, caminemos juntas
Paso sobre paso, no tendremos prisa,
sólo disfrutemos de esta hermosa vida.
Sin un porqué, ni quejas. Sólo...caminemos.
Con lo ya vivido al cielo miremos...
Juntas caminemos con sonrisa alegre
Por lo ya vivido, por lo ya llorado.
Qué importa el dolor...
¡Si al fin y al cabo vives!

# EL VINO Y EL VALS

Tú mi bien querido,
estás, has estado y estarás.
Aunque no estés presente
tus huellas están en mí.
Aunque ya no quiera…quiero.
Aunque ya no estés…estás.
Qué difícil es tu ausencia,
qué difícil tu presencia.
Hoy no sé cuántos años cumplimos
de recorrer caminos, ríos y mares juntos.
A veces juntos, a veces disjuntos,
pero siempre unidos en un recuerdo grato.
Cómo no querer yo verte
si dejaste huella en mí
como una marca indeleble
registrada para ti.

No encuentro más bebida
que aquella que tú disfrutas,
que, aunque amarga, es novedosa
y ahora también la degusto.
Ella me aparta de este mundo
cotidiano y pasajero
hoy mi copa llena está
preparada para ti.

Es un vino fresco de uvas
que añejé yo para ti…
Pero…hoy no estás aquí;
en tu nombre la beberé.
Por esta grata alegría
de tenerte para mí,
sí; sí señor. Aunque dudes, es así.
Aunque lo dude yo también.
Que sea sólo para ti.
Es así y así será.
No lo dude pues mi bien,
que esté vino y este vals
se combinan al viajar.

# ESTAS EN MÍ

Miraba yo los vallados
añorando tú presencia,
andaba por las colinas
en busca de tu presencia.

Entre ríos caudalosos…
Entre océanos tempestuosos
sumergida entre los mares,
queriendo buscar tu gracia.

Rompía mis vestiduras
no siendo digna de ti
pero en vano era buscar,
pero en vano era llorar.

No estabas entonces allí.
Cuando dejé de mirar,
cuando dejé yo de buscar
tu presencia vino a mí.

Comprendí entonces yo,
que siempre estuviste en mí.
En vano fue aquel buscar…
Siempre estuviste aquí.

# POBRE NIÑO

¿A dónde vas? ¡Pobre niño!
En busca de padre y madre
¡Oh Señor! ¡Oh buen Estado!
Socorredle, socorredle.

Permitan que aquel niño encuentre
un padre y una madre.
No le busque dos papás,
ni tampoco dos mamás.

Buscadle, solo buscadle
lo que siempre  ha preguntado,
lo que siempre él ha buscado:
un padre y una madre.

Protegedle, protegedle.
Es el deber del Estado.
Tienen razón y derecho los niños
a disfrutar de sus dos padres.

# SOLO UN ESPACIO

El crepúsculo se habrá marchado
cuando la aurora llegue a un nuevo día…
Se habrá desvanecido sin darme cuenta,
llevando consigo este gran suspiro.

Suspiro herido que el tiempo congeló en mí ser,
y volvió mi cuerpo helado y sin vida.
Helado mi cuerpo, se entumeció mi corazón
hasta que un día sin previo agasajo,
se tornó en llamas el hielo corpóreo.

Convertido en fuego fue mi corazón, y tú…
Impávido, casi sin creer mirabas
sin saber siquiera, qué he de hacer con ello.
¿Quisiste acaso ahogarte en sus llamas?
Llamas fulgentes que a su paso queman.

Se envolvió en llamas tu cuerpo a mi paso,
debiste huir por tu propia vida….
¿Querías acaso huir de sus llamas?
O solo querías fundirte en mí ser.

Sin embargo, brota de tus suaves labios:…
"Cuando la aurora llegue…
el crepúsculo se habrá desvanecido".
Suspiros heridos congelan mi ser…

## SUEÑOS

Rozan mis mejillas ondas estelares.
Escucho en silencio cantos celestiales.
Mis ojos parecen que ven iridiscencias.
Que extraño todo esto al razonar humano,
tan extraños matices, no es conocido.

Extraño...
Que tan extraño todo esto al oído humano.
Vibra sí mi cuerpo en este momento,
abiertos los poros en todo mi cuerpo.
Fragancias extrañas que embriagan mi aliento,
mi cuerpo adormece con gran complacencia.
Desdoblas mi cuerpo y llevas mi alma.

Una gran montaña bajo mis dos pies,
paisajes extraños, ruinas del pasado,
colores radiantes, matices extraños,
una gran montaña, mi alma al vacío,
luces y destellos, qué gran firmamento.

Llena el infinito... doblegas mi alma.
¿Es un sueño acaso?
Que alguien me lo advierta.
De un suave aroma mi alma se impregna.
Sí, es una falacia ya no me despierten,
déjenme vivirla...! Es mi realidad!
No sé de qué mundo y no me interesa.

# MI ALMA

Mi alma se entrelaza con tu alma.
Tu pensamiento y el mío son dos ecos,
ecos de armonía que siente mi espíritu.
Suspiros, mil suspiros no alcanzarían porque…
Porque el soplo de tu aliento se vuelve inspiración.
Inspiración a mi aliento que da vida a estos mis versos
vano es suspirar… es tontería; como el viento,
en él penden dos sombras que se embriagan de poesía.
Cuan mezquino y cruel es el lenguaje, no alcanza
por Dios, no alcanza a adornar con palabras
ni a describir la danza de está mi alegría.
No alcanza por Dios…
no alcanza con palabras vanas a describir el viento,
Y cómo se pasa en aquella danza,
en aquellos versos en los cuales vivo.
Cómo yo pudiera dibujar entonces el color del manto
que me cubre toda, en aquella que danza,
su danza extasiada sin que ella repose;
ecos de armonía son tu gran espíritu.

# EN LAS ALTURAS

Es mi encanto natural el lucir en las alturas,
es mi pasó vuelo firme, para llegar a esa cima
donde pueda yo mirar lo pequeño que es el mundo.
Donde el águila a su paso despliegue todas sus alas,
y dé campo en su lomo a mi larga travesía.
Es mi paso disfrutar los valles, ríos y sus descansos.
Es mi encanto natural el lucir en las alturas.

Allí vivo y me recreo, allí yo espero en silencio,
que salga toda mi bulla, del pensar y del hacer,
del amar y del apego que ya no quiero tener.
Que tanto sirve el pensar sin disfrutar el hacer.
Es mi encanto natural, el lucir en las alturas.

Disfruto del aire fresco y del viento en mis mejillas,
vivo y disfruto sin que nadie me interrumpa
mis largas apreciaciones de qué es la vida, y su encanto;
¡Cómo disfruto el encanto de vivir en las alturas!

# SANGRE

Sangra mi alma…sí sangra mi alma.
La alegría es fugaz en mi existencia.
Hace un momento se confundió en el viento.
De risa y de llanto se envuelve mi canto.

De risa y de llanto en un solo momento,
ella ya reía, cuando de repente…
enclavada en su pecho la daga la hería.
¿Por qué? ¿y qué es lo que ha hecho?

Todo ese dolor tal no merecía…
¿Quién puede acaso vencerla en un juicio?
¿Existe siquiera, previa una sentencia?
Sólo este silencio… lo explicaba todo.

Sólo este silencio le dará respuesta.
Por ahora mi sangre fluye en este cuerpo.
No conozco entonces la alegría perpetua,
pues ella es fugaz en esta existencia.

# TE BUSCO

Te busco…
Sí señor, cuanto te busco…
En los sonidos del universo,
en el silencio de esta mi alma.

En cada día, en cada puesta del sol.
En mi alborada y en lo profundo del firmamento.
En la profundidad del mar
y en lo impetuoso de su oleaje.
En el verde prado, en el exuberante bosque,
también en el desierto.

En la llanura extensa, las espesas montañas,
en el rocoso acantilado,en cada aroma, en cada sonido,
en todo aquello que a mi tacto llega, e incansable
en los distintos sabores; dulces, amargos, sales  de vida.
Incansable te busco en la oscuridad de la noche
y la luminosidad del día.

En la suavidad de la flor que refleja una
melodiosa fragante caricia.
Sin tregua, en aquellas manos
que se entrelazan con las mías.
Aún, cuando mi cuerpo se une en otro cuerpo,
en la suave caricia y el beso extasiado.

También te busco en aquel cuerpo fruto de mi cuerpo,
en la tierna fragilidad del niño,
sí, siempre te busco…
Aunque estés en mí, sí.
Siempre te busco…

# PERO...FUE PASIÓN

Como si explotara…
Sentí mi corazón partir en mil pedazos;
pedazos de amor que corrían por mis venas.
Sudorosas mis manos se entrelazaban con las tuyas.

Mi cuerpo ya ardiente, necesito tu cuerpo.
Mi vida en tu vida anclada en amor,
mi alma en tu alma, eran una sola.
Estado en el fuego mi cuerpo sufría.

No tenía descanso este palpitar,
no se consumía este fuego vivo.
Mi cuerpo en tu cuerpo era una agonía.
Mi alma en tu alma se confundió en el día.

De gozo e ira sucumbió mi cuerpo,
de gozo y hastío se llenó tu vida.
De gozo y hastío sucumbió el amor.
Vive sólo humo de lo que ayer fue.

# QUISIERA

Cuánto te siento cuando te acercas.
Siento el silencio en noches claras,
noches de luna iluminada.
Siento el silencio en gritos broncos
que agitan siempre mi corazón.

Cómo te siento cuando me miras;
cierro mis ojos de soñadora.
Dulce y pasiva en tu regazo,
en tu regazo yo quiero siempre
en tu regazo allí vivir.

Cuánto quisiera a ti acudir
cuando yo tiemblo de ira y miedo.
Cuando el silencio taladra en mí,
siento que muero de desespero.

Un lastimero sueño nocturno.
Cuando embriagada por tu mirada
cierro mis ojos y verte quiero.
Con tu mirada dulce y serena,
cuánto quisiera… de lo que hicieras.

En mi agonía a ti expresarte.
Esta ternura que por ti llevo
esta ternura de ver tus ojos
en el reflejo del verde mar.
Esta ternura al contemplarte
llena mi alma de lisonjera.

# BANALIDAD

¿Cuál es la forma? …
¿Qué es lo que buscan?…
Vano mi esfuerzo por ser imagen,
de lo que quiere la sociedad;
que lo que siento no puede ser…

Porque no sé qué es lo que quieren.
¿Hay un espejo para la forma?
Miles son las formas de la sociedad.
No puedo ser esa que quieres.

Solo yo tengo está mi forma,
con ella vivo en paz y amor.
Poco me importa esa tu forma,
pues de las formas yo poco sé.

Vano mi esfuerzo por ser imagen
de lo que quiere la sociedad.
En el pasado ya fue mi alma,
pero en futuro no puedo estar.

No quiero herirte, no soy ya nada.
Yo solo vivo en soledad.
Son mis recuerdos la fiel imagen
de lo que pudo y no pudo ser.

Triste refugio de mis quimeras,
Esas que labran mi oscuridad.
Dejadme sola…dejadme triste,
deja que el llanto… sea mi forma

# QUE SERA DE MI...

Que será de mí, mi buen señor...
Que será de mí cuando al despertar
en vana ilusión, siga soñando.
O, al despertar me encuentre sola.

Cuando en mi lucha quiera seguir
pero adolezca de fuerza el cuerpo,
cuando queriendo seguir mi canto,
no encuentre notas en mi garganta.

Qué será de mí, mi buen señor...
cuando al despertar de estos mis sueños,
en vana ilusión siga soñando,
sin darme cuenta que estoy despierta.

¿Qué sentiré acaso yo?...
¿Cómo procederá este mi cuerpo?
Cuando de lejos ya vea torres
sin esperanza para ir a verlas.

Qué será de mí señor...
qué será de mí, mi buen señor...
cuando al despertar de mi sueño,
en vana ilusión siga soñando.

Qué será de mí señor
cuando ya sea mi cuerpo inerte...
Será un dibujo de sufrimiento.
El señalamiento vendrá entonces.
Cómo morir cuando estás viva?

Cuando entonces queriendo morir
no pueda entonces dejar la vida
será que entonces muriendo viva
como cuando queriendo correr yo ya volaba,
será que entonces queriendo ir... ya esté contigo.

# EL PLACER DE ESTAR CONTIGO

Llévame siempre a tu lado.
Déjame sentir la calidez de tu piel;
llévame siempre tomada de tu mano;
déjame sentir el calor de tu cuerpo.

Déjame que me embriague con tu aliento.
Deja que sienta la tibieza de tu cuerpo en mi cuerpo;
deja que corra por tu piel
como corriente de río desbordado;
déjame amarte con la necesidad
del infante por el pecho materno.

Deja que tu cuerpo en uno solo
se entrelace con mi cuerpo.
Deja que pase contigo y para
ti las noches claras y oscuras,
deja que esté contigo en la
mañana y en el atardecer,
deja que mi boca exhale con
palabras los dichos de tu amor.

Deja que mi boca exhale en palabras
indecibles la dulzura de tu amor.
Déjame en esta ternura que inspira mi corazón.
Déjate y déjame envolverte en esta ternura
que compartimos los dos.

# EN TU AUSENCIA

Te siento en mi silencio,
en el susurro que deja el viento,
en la agonía de mi silencio,
en cada lágrima que surca mis mejillas.

Cuanta tristeza deja tu ausencia.
Ese tu hastío deja mi corazón herido,
una locura al sentirte mío
cuanto te amaba…por Dios no sé…

Aún siento el rose de tu piel en la mía.
Mis manos deseosas de surcar tu cuerpo.
Mis poros buscan ansiosos tus poros.
Eres mi lirio vestido de amor,
eres el aire que necesito para vivir.

Aún te siente mi piel sedienta.
Mi alma toda no se halla en mí.
Este cuerpo vibra con tu recuerdo,
ya sin sentido esta mi vida…

# LA FUERZA DE LA VIDA

Con lanza y con fuerza emergió mi vida,
mi afán por ser forma no tuvo rival.
Cabalgué en montañas y rodé en las cuestas,
el viento de oriente me llevó impetuoso.

Sentí que era viento y rechacé la forma.
Me hundí yo entonces en profundos mares,
la ola fragosa y el océano profundo
cedieron sus fuerzas para mi avanzar.

Las fuerzas del ser… ¿Cómo las tomaba?
Si yo era la gota y también la ola,
pensé yo entonces en la gran marea
y propuse… soy corriente de agua.

El cristal de agua permeó mi forma.
El brillo fugaz encendido en llamas
en fuego implacable se tornó mi forma.
Dije yo entonces, ¿Qué más puede ser?

Que la forma sin forma se convierta en llamas.
Si no me acaloro tampoco me quemo…
sólo sé, que corro sobre la arena, entonces, yo
vuelvo sobre la pregunta.

¿Acaso soy grano que se lleva el viento?
Esto de la forma complica mi vida;
buscando la forma, no sé qué es mi forma.
Entiendo yo entonces… ¡Qué importa la forma!

Si con fuerza fui de lo que no era,
de lo que no era también yo tomé;
sin que yo lo fuera, elegí también.

¿Qué importa entonces cuál sea mi forma?
Yo hoy lo disfruto… aunque vuelva a nacer
de aquello que no era, como ya lo fui,
si con forma o sin ella igual puedo ser.

# QUIERO HUIR DE TI

Quiero huir de ti, sí.
Quiero huir de ti, sí, sí.
Me esconderé en el confín del mundo,
en algún confín que tú no sabrás
donde no me veas, donde no te tenga;
porque aquí, si sigo, mira lo que haré…
Te haré mi amante en soledades,
te haré mi esclavo en noches claras.
Podré acceder a tus amores.
Sólo con verte, ya serás mío,
disfrutarás de mí como yo de ti en mi soledad.
No escaparás de mí, ni en el alba ni en las  tinieblas.
Estarás conmigo en mis aposentos,
en el bullicio de carnavales.

Tú sentirás como yo te siento.
Te fundirás junto con mi aliento.
Me sentirás como el viento que acaricia tu rostro.
Me escucharás en los gritos susurrantes de tu alma.

Te haré mendrugos en mi agonía y vivirás en mí coraza.
Te tomaré entre mis manos y escaparás entre mis dedos.
Te haré unturas de ira y miedo,
serás sombra en mi camino.
Ves…por eso yo quiero huir de ti.

# NO SE, SI ES UN SUEÑO

Caminas en las claras noches,
noches que adormecen con tus ternuras.
En noches perfumadas con natural belleza
tú, junto a la cascada.
Contemplas lo natural del campo.

La frescura relajante de los cristales de agua.
Los cantos de las aves y el susurro del viento.
La profundidad del firmamento contemplas
queriendo desentrañar los secretos de la existencia.

Cantos suaves llegan a tu oído.
Sonidos indecibles, murmullos indescifrables.
Cantos melancólicos que ascienden a los montes,
descienden de su fuente, y se frenan en los valles.
Sientes el palpitar de aquellos peñascos.

Sientes la fuerza de las corrientes de agua.
Cuánto puedes sentir en  tu cuerpo…
Sientes las travesuras del viento jugueteando con tu pelo.
Sientes el silencio en el bullicio del campo,
en tu corazón retumba un eco existencial…

Cual campanas de sístole y diástole,
cual campanas anunciando misa,
en la soledad estás lejano, pero el universo en ti
te confunde, si es tu cuerpo o es tu espectro
sólo sientes que está en ti.

# ESOS OJOS...

¿Qué descubro yo en tus ojos?
¿Vetas de hastío o pasión?
Palpita tu pecho, aceleras tu respiración.
Bellos tus ojos, se vuelven fulgentes.
Cuentan tus ojos mis cuitas del alma.

Deslumbran a otros ojos, aquellos que los mire.
Llenos de amor y compasión
comprender esos ojos quisiera.
Desentrañar esa mirada,
cuando ellos navegan en el infinito.

Con grandes dudas por lo que veo
tal vez coincidan con lo que espero
llena de certeza, llena de esperanza.
Colmada en deseos, colmada en llanto
sólo me resta cerrar mis ojos.

Guardar los tuyos en está mi alma.
Tal vez un día descifrar pudiera
ese remanso que veo en ti.
Oh, es qué es tu alma que ven mis ojos...
pura y sagrada enclavada en mi.

# ¿QUÉ TIENES?

Hasta ayer estuve pensando…
Pensando cosas muy sobre ti.
Tú tienes algo especial; algo que arrastra,
algo que atrae, algo que imana.
¿Cuál podría ser mi suerte?

Morir en tus brazos o escapar de ellos.
Dejar libre mi alma o esclavizarla en ti.
Dejar a un lado todos los preceptos.
Unirnos en a aquel desconocido paraje
dejarme aprisionar de tus brazos.

¿Sucumbir mi cuerpo en tu cuerpo ardiente?
Oh, simplemente escapar de ti.
Oh, pobre mi alma, que de emociones casi fallece;
aún convalece de otros amores,
pues siempre se quiere a quien no se debe.

Debiendo amores  a aquel que no quieres.
Oh, Dios, por Alá, Cupido y Pandora.
Destapa aquel cofre de aromas prohibidos;
enciende mi alma, que abrace, que queme.

Qué importa el pasado si tengo yo amores.

# BANALIDADES

Vanos suspiros, vanos quejidos.
Vana y efímera esa alegría.
Sentir el viento, sentir el agua:
lisonjas y risas es toda esta vida,
al paso de nuestras ilusiones.

El aire que inhalo sabe a gozo amargo.
Lágrimas que ruedan, risas en el alma.
Esté amanecer es como la aurora;
sólo un momento, sólo un instante.
Sólo en un suspiro es toda la vida.

Qué importan amores.
Qué importan suspiros,
si sólo un instante tengo yo en la vida;
hermosa al verla, poco he disfrutado
alegrías y risas yo nunca he elegido.

Elegir la risa en lugar del llanto,
elegir amar en vez de odiar.
Poco pareciera que es complicado,
pero yo limito mi risa o el llanto.
Cada risa nueva trae una tristeza…

# OJOS GRANDES

¿Qué eres para mí, me preguntarías?
¿Qué siento por ti cuando te acercas?
¿Qué esconden mis ojos cuando te miran?
Cómo, puedes tu saber
¿Lo que siento yo por ti?

Te conviertes en iluso,
esperando que te hable…
Que te entregue en mil acciones
esto que siento por ti.
¡Oh, por el cielo, que careces de alma!

¿Eres acaso faltante de un sentido o de muchos?
Sentido para entender lo que te expresan mis ojos,
sentido para sentir lo que yo siento ahora.
Ojos para mirar mis ojos y contemplar allí mi alma.

Conviertes tu alma en muerta
cuando me pides en prueba,
una dicha que es prohibida.
Más que prohibida es injusta,
poner de objeto el amor.

Preguntarle a esta mi alma
lo que siente por la tuya
o, preguntarle a mi pecho,
porque se agita a tu paso.

Ven, ven, clava tus ojos al cielo en esta noche estrellada.
Ven, que, sin contar cada estrella, parecen mil cristales
es como ver en mis ojos un lucero apasionado;
un lucero que acompaña mil estrellas titilando
en una noche estrellada.

Saber qué siento por ti,
es llegar con los ojos cerrados al recóndito universo.
Es cerrar por días enteros mis ojos en la oscuridad,
y hallar al abrirlos un paraíso escondido,
donde sólo la alegría se apodera de mí ser.

# VERSOS SIN RIMA

Tu nombre es melodía en mis labios
al saborear tus versos sin rima,
mi corazón no alcanza a guardar calma.
Se con pocas letras y se aviva en la palabra.
Más que las palabras en su imaginario contenido.

Es extraño que el Creador haya puesto en viles manos,
los perfumes del pasado y un corazón florecido.
¿Qué hay entonces en tu pecho?
A cambio de un corazón,
un torrente en gotas de agua que en abanicos
al viento se dispersan por doquier.

Un manantial de ilusiones lleva tus versos sin rima.
Son ellos de tal ternura que se sienten baladíes,
penetrando todo el cuerpo hasta humedecer el alma.
Quiero vivir en tus versos,
quiero quedarme en tu alma.

# ES TAN GRANDE TU BONDAD

Tan grande la bondad que imaginarla no puedo.
Es el placer todo bien; el descanso es la ternura
la dulzura es tu fragancia, la sonrisa tú baluarte.
¿Cómo poder encontrarte por la senda del placer?
¿Cómo poder yo plasmarte en el fondo de mi ser?

Tan natural como es el comer o hablar contigo
cómo puedo entonces yo, con sólo verte, tocarte
no podría yo con poemas, expresar esa bondad,
cuando el amor en pedazos  quebranta esta garganta,
cuando en tristeza sentimos que todo ya está perdido.

Cómo pues reconforta una mano extendida.
Cómo puedo yo entonces plasmar lo que es la bondad
si sólo puedo decir que no la puedo enunciar.
Que sólo al mirar tus ojos me inundas de bondad,
y es tan grande tu bondad, que imaginarla no puedo.

# BÚSQUEDA

Fue vano buscarlo en los mil recodos,
se esfumo en el acto.
Le dije yo al águila, llévame en tus alas.
Ella hermosa entonces bajo su cerviz,
cabalgué en su lomo por todo el planeta.
Dije entonces con voz muy segura:
Buscaré en el mar, allí estará entonces ahora
¡Oh mi gran amigo!
Tú que en el estanque estás prisionero
vamos, vamos ahora al mar.

Serás mi defensa en el recorrido,
y mi buen amigo, mi fiel tiburón me ofreció su lomo.
Mi cuerpo en su lomo,
corrientes profundas con él visité.
Cansados ya, juntos en playa dormidos.
Dije yo entonces… viajaré ahora al fuego sagrado.
Me ofreció entonces su suave regazo el fuego;
la llama inflamable me llevó en su pecho y
matizamos todo de rojo destello,
mirando atrás, sólo cenizas habían quedado.

Dije yo, ahora, es en viento ahí él se esconde.
Sorprenderé entonces a su fiel vasallo.
Los vientos de oriente fueron mis aliados
con ellos penetramos todos los confines,
sin señal alguna de tu paradero.

Entonces me dijo el fiel señor Hades:
¡Seguro está en mi reino! no sé cuántos son
yo no los conozco, ni tengo inventario.
Puede usted pasar, y si a bien lo tiene
disfrute del paso y haga aquí morada.

¡No!, no, señor Hades, no busco quedarme
sólo aquí  encontrar a quien sopló, en mí…
Busqué en lo profundo, arriba, abajo y a los  lados.
Sin perder mi ánimo corrí por vallados
montañas, lagos y al fin me rendí.
Mi cuerpo cansado en sueño profundo quedó.
Desperté comprendiendo que yo me encontré,
que, buscando su cuerpo, he encontrado mi alma.

## SIN VIVIR

Tú que vives en el miedo, temiendo a lo que no existe.
Cómo puedes querer aquello que no conoces;
hay cosas que no conoces y no importa conocer.
Aquello que está contigo, no necesita pedido
sólo que lo disfrutes, que no pidas y lo vivas.

Tú que vives en el miedo, temiendo a todos tus miedos.
Tú que vives en la vida sin vivir cada segundo.
Es imposible vivir sintiendo que ya no vives,
deja a un lado tus temores…

Ansias de amor profundo, convertido en agonía.
Fue un amor ciego y sin fondo el que te llevo al vacío.
Una locura es entonces el amor que ataca el alma,
cual huracán impasible que llega y consume todo.
Es acaso como el mar embravecido y sin fondo.

Ahogada puedo estar entre tus brazos ahora
con el miedo y tu egoísmo, muero sin vivir la vida
sintiendo el aire muy fresco que acaricia mis mejillas,
a falta de esa tu calma, bueno es el viento pasivo.
Mientras tanto tú sigues viviendo sin estar vivo.

# ESPINOS

Imaginando las rosas yo percibo sus aromas.
Cada color un aroma, y cada espina, un sufrimiento.
Sus tallos son mis barrotes y la sabia es mi alimento,
en esta celda no hay deleite
más que verte entre mis brazos.

Sus barrotes me aprisionan y sus espinas me hieren.
Al asombro de la gente son deleite tus aromas.
Sólo viéndome preguntas…
¿Por qué yo no me deleito?
Cómo quisiera yo entonces ser libre para tenerte.
Escogería la rosa teñida de rojo sangre.

Así, entonces la pondría y luciría en mi solapa,
y no me importaría entonces estar entre los barrotes.
Pues, qué importan tus barrotes,
espinos o sufrimientos,
Si sus aromas perduran penetrando en está mi alma,
dibujando de colores las fantasías y rosas.

# MARINERO

¿Marinero, qué pasa que no zarpa en su velero?
Deja sólo a su paso estelas de añoranza,
de aquellos días de cofres de tesoros escondidos
donde, en el puerto esperaban las damas de azul vestidas.
Encajes, pañoletas y aromas de otras tierras.

Caballeros y vasallos te brindaban señorío.
Ahora sólo te escondes en sueños de fantasías.
Que la sirena escondida dé a tu paso esa alegría,
pues de añoranza y suspiros te vistes, oh marinero.
Vuelve ahora, oh marinero, que tu navío te espera

En la proa ya te espera un ruiseñor escondido.
Toma en tus manos el mapa y la rosa de los vientos.
Alza tu voz de a estribor o a babor oh marinero.
Busca ahora a tu sirena de dorado ya vestida.
Que te espera impaciente en medio de hermosas joyas.

# CULPABLE

Cúlpame padre, oh mi Dios…
Por haber ya visto lo que yo he visto.
Por haber sentido, lo que yo he sentido.
Por haber bebido, lo que yo he bebido.
La copa de amores que ya rebosaba.

No hice resistencia, y no rechacé.
Sólo disfrutando las noches pasé.
¿Entonces ahora qué mal puede ser?
Si mal yo hiciere, mi paga tendría.
Si bien yo hiciere, ¿No será aliviada entonces tu ira?

Sentí muy de cerca tu luz en mi alma.
Si yo en tu presencia doblego mi cuerpo,
tiembla, sí, mi cuerpo; no parece ser mi voz
palabras extrañas mi boca exhala.
Brotan de mis ojos ríos caudalosos.

Surcan esos ríos mis suaves mejillas,
y no es que yo llore de arrepentimiento.
Sólo que hay un fuego que quema en mi pecho.
Sólo a ese fuego sucumbe mi cuerpo.

Temblorosas mis manos avivan tu nombre.
Honor para siempre a tu estrado pongo.
Mi rostro ya en tierra, tu perdón aclama
más, sólo en el  silencio la paz me inunda.
Una suave caricia de tu mano el viento.
Llegando a mi mente las suaves palabras
que sólo fue un sueño de ser y no ser.

# PÉTALOS

Pétalos de rosa en mi mesa caen.
Rosa que se erigió con suave fragancia,
ahora; aquí en mi mesa muy esparcida,
eras amarilla sin que lo sigan siendo.

Pero…que en la vida pierde su presencia.
En el firmamento, un suave rocío
revive el aroma de lo que ya fue
y sedientos sus pétalos, la gota reciben.

En vano es querer eso que ya fue.
Ay… añoranza del tiempo pasado,
de lo que lució, de lo que encantó
su suave aroma encantó al amor
y en todos los eventos su esplendor brilló.

# DISTANCIA

Hoy me alejo de ti, sin lisonjas ni dolor.
Con la alegría de haberte visto,
de haber compartido muchas cosas
experiencias tantas que llevo en mi alma.

La más importante… sí, ahora recuerdo
haber estrechado tu mano en mi mano.
Toda, sí mi alma, disfrutó tu encuentro,
y mi corazón se alegró en silencio.

Más hoy en la sombra, mi corazón se dilata.
Esta despedida ahoga mi pecho.
Me voy sí, me voy… pero volveré.
Llevo la nostalgia en mi despedida.

Me quedan entonces sólo tus recuerdos;
y aunque yo me, alejo te llevo conmigo.
Colgando en mí pecho tu imagen serena,
te llevo en silencio como siempre lo estás,
Esperando entonces tu bello regreso.

# NUESTRO ENCUENTRO

Hoy entre risas y llantos.
Hoy entre risas y juegos,
mi corazón sintió tu encuentro.
Este suave encuentro de nuestra despedida.

Fue un momento desconcertante,
donde gratitud y hastío estaban contigo.
Todos cantaban, todos reían.
Fue nuestro encuentro, fue la despedida.

Rosas, claveles y muchos pompones
coloridos, todos adornaban el ambiente.
Tú diste un paso, cuando a tu encuentro
un botón de rosa adornaba el suelo.

Inclinando su cuerpo, la tomó en sus manos.
La miró marchita, quien la habrá tirado.
No lo dudó entonces, la llevó a su pecho
la tomó en sus manos, lindo su color.

De rojo carmesí, ella engalanada,
la llevó a sus labios y sintió su aroma.
Su suave fragancia, aunque ya marchita…
Desprende él un pétalo y rueda una lágrima;
son casualidades, cae en ese pétalo.

A ella y su lágrima la guarda en un libro.
No acaba la historia, es mitad de página
presiona en su pecho ese bello libro;
no puedo decirte que fue despedida,
pues todas las noches contigo yo duermo.

# AÑORANZAS

El ayer se ha quedado preso en mi recuerdo.
El azul del cielo profundo en mi mente.
El aroma de la hierba verde aun lo siento.
Almohadas de pasto, cojines de pasto
fueron mi cama y mi solaz.

Recogiendo flores tempranas del campo,
en la grata compañía de mi amiga minifalda,
cómo yo recuerdo cuanta bulla hacia;
bulla que impedía mi paso secreto
por verdes jardines de rosas y dalias.

Aun siento en mi boca distintos sabores
a frutos del huerto, que yo disfrutaba.
Cómo yo gozaba madre mía; cómo yo reía
añorando siempre tú grato regreso.
Tus cálidas manos también me protegían
a tu encuentro, sin temor de piedras veloz yo corría.

Era tu regazo mi más claro aliento
cómo yo recuerdo tu suave fragancia,
que en ese tu cuerpo, encontraba mi alma.
Sudor en tu frente primero a mí vista…
Déjame ayudarte para que descanses.

# EL AMOR

Hundirme en el calor de tu amor
y morir en tu regazo quisiera,
más, que digo yo amor…
Si ese amor sólo lo doy yo.

Más que digo morir…
Si cada día muero yo en ti.
No puedo tenerte porque estás en mí.
No puedo alejarte porque estás conmigo.
Cómo puedo entonces no querer tus ojos,
si los necesito para yo vivir.

# MISTERIO

Misterioso ser
¿En qué disfraz te escondes?
Al mirarte de frente, mi alma siente miedo de tu alma.
Siento miedo de tu cara, tu sonrisa y lo que pienses.

Me es un misterio tu alma, tu vida y todo tu ser.
Sentir tu cercanía quisiera,
tus manos entre las mías,
y sentir tu confianza.

Sentirte seguro en mí.
Cuando más cerca pienso estar, alejada de ti vivo.
¿Porque te esconde, de que te esquivas?
Tu rostro frívolo y seco, tu mirada airada y perdida.

Aun con todo ello, bello es el rostro que miro.
Brillante como el sol y romántico como la luna.
De qué sirve la vanidad, amor de mis amores.
De nada sirve, banal es como la misma vida.

Captar tu pensamiento quisiera…
Tener tu cuerpo en mi cuerpo…
Si pudiera… Cuanto quisiera
ser la fuente donde mitigues tu corazón.
Sí, tu corazón angustiado.

Quisiera verte y no puedo, y si te miro no debo.
¿Puedes tu acaso, con un solo sentir,
declarar este misterio?
Si lo logras, listo eres; si no puedes, sabio eres
seas sabio o seas listo no importa;
sólo sé que me cansé de descifrar este misterio.
Esté misterioso ser que perturbaba mi ser.

# CON SOLO MIRARTE

Yo, con sólo mirarte unas cuantas veces,
has dado a mi vida un vuelco total.
Aquella rutina que yo antes tuviera,
sin ningún atajo ni por un reproche,
con sólo mirarte yo los dejé atrás.

Tú que con tu mirada enlazas mi alma,
también tu sonrisa se enclava en mi pecho.
Hoy lo que tarde esperaba, pronto me llegó.
Me llegó en minutos, sin exagerar.
Tus palabras y tu sonrisa, aunque un poco irónica.

Tu fugaz orgullo, tu vanidad  yo los deje atrás.
A mi razón diste un nuevo dilema;
qué es tu vida, cual tu personalidad
qué razón equivoca la que yo tuviera,
que por miedo un día, no te hablé enseguida.

Sólo yo esperaba un tiempo cercano.
Que por accidente abrieras tu boca.
Solo ayer pensaba, que eso no sería…
Más hoy, sin pensarlo, ya es realidad.
Con sólo mirar tu hermosa figura.

Tu cara preciosa como una escultura,
es digno mirarte con grande ternura.
Con solo mirarte yo ya soy feliz.
Cómo no sentir aún más el placer
cuando tú me miras con grata ternura.

Pues, no era en mi juicio probable
que de tu rostro una sonrisa tuviera.
Así con mayor fuerza mi vida cambiaste.
Ya no soy la misma que miraste un día.
Sólo el pensamiento de pensar en ti,
cambió ya mi vida y todo mi ser.
¡Has dado a mi vida un vuelco total!

# ¿POR QUÉ MI ALMA NO ES AMOR?

Padre mío, qué me respondes.
Rompe el silencio que ahora impera,
habla a tu hija porque ella escucha.
En busca tuya en los altares,
en los montes santos evoqué tu nombre.
En los mares tranquilos dejé mi alma a tu alma.
En los vientos frescos sentí tus caricias,
las suaves caricias de tu mano el viento.

Rompiendo mi alma en mil pedazos,
en tus templos santos elevé altares;
ofrenda sagrada fue mi danza al cielo;
sentí tu voz y con ella tú aliento.
En las aguas frescas mitigué mi sed,
en la risa humana siento tu mirada
que llena mi alma con nuevas fuerzas.
Vuelvo siempre en mí y voy pensando.

¿Qué cosa es eso del merecimiento?
Y es el silencio quien me responde,
sin poder entonces yo descifrarlo.
¿Por qué la rosa me es superior?
¿Porqué mi alma no puede serlo?
¿Porqué mi cuerpo no adorna mi alma?

Porqué es muy pura la rosa y
porque sin mancha la rosa adorna
sin que se mire quien la merece.
Porque ella expresa solo el amor,
porque la rosa me es superior,
porque mi cuerpo no adorna mi alma,
porque mi alma es un poema.
Porque mi alma es el amor.

# VUELA

Vuela con los ojos de la verdad.
Paséate por las sendas de la sabiduría.
Vive con intensidad cada instante.
Saborea la delicia de ser libre en tu presidio.

Alza tus ojos al cielo y enclávalos en tu ser.
Si mil veces tú caes, vuélvete a levantar.
Escucha en tu silencio los susurros del amor;
la voz de una oración en la boca de un mudo.

Escucha, escucha los gritos de tu silencio.
Lucha por establecer la igualdad en tu ser.
Lucha con coraje y ahínco por tu propia libertad.
Deja las cadenas del miedo y la duda.

Vive con pasión desaforada cada instante.
Que tu alma viva en tu cuerpo,
aunque el cuerpo este retraído o dormido.
Siente el placer por el solo placer;
de henchir tus pulmones en cada instante
porque vives… ¡Siente que vives!

# ADORNOS DE VERSOS

Si el adorno se hiciera verso
y los versos cabalgaran en los campos;
bajo un arroyo o remanso en un cuento escondido,
el alma humana en  éxtasis viviría.
Cruzar el puente del miedo y llegar hasta tus brazos
con la verdad por escudo, y con ella recrearnos.

Con las estrellas iluminados, bajo ellas encontrarnos.
Es tu amor mi armonía, es la paz, es dulzura.
Junto a la paz tu morada, tu escondite preferido.
Mi baluarte tenerte entre mis brazos.
Un día soleado de descanso a mi alma.
Inocente, pura y limpia como el poema sin mancha.

Con mi cuerpo entre tus brazos
me siento siempre segura.
Con tu cuerpo enredado en mi cuerpo juvenil,
tu mirada enternecida, temiendo lo que no existe.
Con tu rostro delirante, con tus manos que atrapan,
dejando siempre tu cuerpo deleitarse en el mío.

# EL MISTERIO DE TUS OJOS

Tú y tus pensamientos
dudar de la vida me hacen.
Formas de las piedras
caminos en  algodón.
De tus sentimientos
no menosprecio ninguno.
Abierto está mi corazón,
abiertas las puestas de mi alma,
para aquel peregrino
que quiera encontrar descanso.

Más fuere acaso dado a mí
enjuiciar a aquel varón
que pose sus ojos en mí
en la puerta del destino.
Si en mis ojos se revela,
se revela aquel misterio.
Abridme los ojos por dios,
no sea que en mi ceguera
se abran los ojos de mi alma,
y no pueda yo vivir
el estar aquí y ahora.

Perdiéndome del momento
del verso y la prosa libres,
de los colores del viento;
amando a quien yo no debo.
Viviendo sin vivir la vida, oh…
Solo viviendo en la pura ensoñación.
No puedo yo más vivir y sólo me atrevo a pensar,
que tal vez viviendo, yo pueda morir y… viva.

# ¿QUIÉN TE HA ENVIADO?

¿Es acaso está persona aquella que envió cupido?
O acaso fue que yo puse en tu mesa mis amores.
¿Es disposición del destino
que sea yo quien te aprisione?
Más, si de mí fuere el destino,
¿Qué diré entonces al verte?

¿Clavaré acaso en ti el rostro de mi maestro?
¿Entonces cómo? Cabalgan mis versos sin dirección
del amor herido es el poema, y entonces…
¿La dicha y la alabanza?
Que mis versos hallen gracia y ablanden tu corazón.

No serán estas mis letras las que cante al ruiseñor,
pero sí con ellas quiero expresarte mis ternuras.
En ellas encuentro vida y aliento para tus besos;
es palabra creadora y rimas para mis versos.
No me digas que eres tu aquel a quien envió cupido.

# MAESTRO

Hay de mí, si por un beso yo pierdo todos mis versos,
siendo lo único que tengo de un presente
que es incierto.
Poner en balanza el peso entre sentimiento
y palabra no puedo.
Mas, ay de mí si yo me enredo en estos tus
sentimientos.

Maestro, sigue siendo mi maestro.
No pretendas ser mi amante;
enséñame de tus luchas y también de proezas.
Muéstrame la senda clara que depara mi existencia.
Sierra tus labios al fuego y avívalos a los versos.

Quita de ti ese cáliz que envenena tu existencia.
Deja solo que fluya la miel de tu hermoso verbo.
Abre tu boca y proclama las bendiciones al viento;
que lleguen a los extremos y al fondo de la existencia.

Que suspire aun aquel que agoniza en su silencio,
que brote vida de vida aun de lo que están muertos.
Deja que llore en tus brazos de dicha y de sentimiento,
deja que mi alma vibre sintiendo sin yo sentirte.

Deja que mi piel te sienta en tus palabras de vida.
Quiero solo tenerte como amante de mis versos.
Déjame solo vivir entre las cortinas de tu existencia;
no me pidas que disfrute de placeres pasajeros…
Hay de mí, si por un beso yo pierdo todos mis versos.

# LAS SOMBRAS

Como las sombras que nublan hoy mi alma;
así nace hoy mi amor, en silencio y a escondidas.
Son tan frescas las rosas que hoy me ofreces,
que tormentas no quitarían su aroma y su esplendor.

Mas mi pecho de espinas viste como la rosa.
Sin verlo, el tiempo implacable pasa a mi lado;
golpeando suavemente deja huella en mi alma.
Así, el amor no alcanza a sucumbir.

Sí, sí, sí, ya mi alma está muy triste,
No lo dudes que es así; no lo dudes que es por ti.
Es que pienso en mi dolor… y porque te tengo preso.
No hay armonía, no hay vida, solo las sombras cobijan.

Poco contemplas en mí esta profunda agonía;
un susurro llega a mí, y es que la sordera está conmigo.
Cómo puedo entonces ver, si mi vista oscura está.
Vuelve tu presencia a mi vida y mis sentidos volverán.

# TU POESÍA

Susurros de melodías y cánticos
a mi alma en la mañana,
es un capullo  frágil en otoño
y una flor en primavera.
Es el amor ardiente convertido en llamas vivas;
la ternura, la dulzura,
es el rayo de amor que se hace y nace.
En el campo enamorada, una paloma solitaria
como el copo de nieve que ansía ser tocada por el sol.
Son oraciones indecibles que se elevan a Dios.
La esencia de tu pensamiento enamorado y herido,
que en cada latido taladra en tu cuerpo y alma.

Como cataratas del Niágara que...
Se acaba, se unen y se hunde en un sólo momento,
para resurgir en calma profunda viviendo,
sólo viviendo.
Es tu poesía mi calma, y la tuya por instantes
inflama mis venas en un solo instante.
Corre, sí, en mi cuerpo y en el tuyo la calma.

# DISTANCIA I

Se siente el aire en su paso fresco.
Se siente el agua penetrando poros.
Se siente el alma con tus versos tiernos.
Siento yo en tus ojos el profundo cielo;
el hambre en el mundo, sólo es el silencio.
Más a ti te siento lejano en mi alma,
como aquella nube que no me permite
disfrutar el sol en mi cuerpo esbelto.
Sí… a ti yo te siento lejano en mi alma;
como esa cometa que se llevó el viento.
Un verde paisaje colorea mi vida,
los suaves matices de aquel arco iris
que evoca aquel pacto que ya yo he vivido,
lejos de ti estoy, lejos de mis estás;
lejos de mi vida te apartas ahora como un errante.

Llevas en tu pecho una herida grave
¡Cómo yo quisiera auxiliarte ahora!
Pero… de mi regazo tú ya te has ido
llevando en tu pecho un latir de angustias,
llevando contigo el alma en pedazos.

# DISTANCIA II

Es esta sonrisa un clavel con sangre.
Es esta distancia tu escudo latente.
Guardo yo en silencio tu mueca lejana,
más por tu ternura mucho oro yo diera
tu sonrisa dulce siempre en mi presente.

Como si ya fuera, a ti yo te siento.
Sonriente y pasivo tu dulce semblante,
cómo yo quisiera tenerte muy cerca,
que el cielo me brindara tus dulces caricias,
esas que se fueron y no volverán.

Cómo yo quisiera evitar tormentas.
La calma pintar y plasmar en versos,
para que vivieras viviendo la vida.
Sólo puedo, siempre con llanto en el alma,
recordar tus huellas en mi frágil cuerpo.

# ¿POR QUÉ?

De preguntas profundas y vagas respuestas,
se pasa la vida con sus actos y hechos.
Yo podría entonces preguntar al destino
por qué en mi vida fue recio y severo.
Qué hice yo acaso para merecer
que toda mi alma la risa perdiera.
Es cierto… que entonces tenga que pedir
¿Doblada en rodillas y vertida en llanto?
Qué juicio no venga por mi proceder,
sin que se investigue aquello que siento.
Y, evitar sentencias de silicio y muerte.

¿Quién determinó mi mal proceder?
No estuve yo acaso vestida de amor
rompiendo mi cuerpo para entregar mi alma,
¿Acaso no entraste y todo tomaste?
Sin que te pidiera, me vivificaste.

Qué puede ser entonces tan grave en la vida,
que por enfrentarlo vivir no se quiere;
si por no enfrentarlo yo me despidiera,
siempre a donde vaya el juicio tuviere.
¡No importen los juicios! Vivamos la vida.

# HOY TE CONOCÍ

Oh, gracias al cielo, hoy te conocí…
Pasaba volando sobre aquellos bosques,
cuando mi mirada se posó en el prado;
sentí la presencia de un ser muy cercano.

Que con voz al viento devela su imagen.
¡Oh! que exuberante tu enredo en mi alma.
Aunque verde todos sus muchos matices,
se llaman los árboles, plantas y musgos.

Qué sé yo de nombres apodos o dichos.
Entonces al viento exclamo en respuesta,
¿Cómo allí se vive? y ¿Cómo allí se danza?
Con tanto paraje no hay un solo canto…
Son miles las voces, componen un coro.

En mi confusión solo yo recuerdo
que fuera mi casa en noches sombrías;
estos son hermanos pequeños al viento.
Reclinar quisiera mi espalda cansada
entré en esos parajes llenos de recuerdos.
Pero, sólo puedo pasar por sus copas,
porque voy de prisa en busca del águila,
que al caer el sol vuelve a su montaña
quitando mi cama para armar su nido.

# DEL JARDÍN LAS FLORES

Del jardín las flores ya las han tomado,
en bellos adornos ya ellas fueron puestas.
Diecinueve rosas del rosal sin nombre,
qué bellas lucen en un jarro nuevo.
Inquietantes fueron también sus espinos.
En día candente al sol son expuestas.
En medio del campo lucieron galanas,
y con pureza suave son humildes y frescas.
Más en las ciudades, todo es vanidad.
Que exigen rosas en adornos variados.
Para resaltar aún más su gran belleza,
es por el camino que el rocío se queda
haciendo su escarcha en los pastos tiernos;
gracias al rocío, ellas ya no  han muerto.
Diecinueve rosas del rosal sin nombre
cabalgan a lomo, en busca de aliento,
ya casi llegamos; aguardan señores
con negras solapas y corbata al viento,
que esperan que cuelguen cerca de su pecho
las rosas hermosas que del campo llegan.

Diecinueve rosas del rosal sin nombre
sin motivo alguno su forma opacó;
sus pétalos tiernos, sus suaves aromas
sus colores rojos que fueron presentes,

llegan ya sin vida, sin un solo aliento.
Es que en el camino fueron muy golpeadas,
se quedó en espera la hermosa belleza.
Ahora ya sin vida, morir prefirieron.
Pero…todo pasa como pasa el viento,
diecinueve rosas del rosal sin nombre,
pasaron sin gloria y sin su belleza.

# SÚPLICAS SIN CALMA

Sueño herido hoy convertido en realidad,
despierto entonces en llamas flamantes
porque en medio del sueño el amor se ha ido.
¿Qué quieres entonces? ¿A dónde tú vas?
Vano es llamarlo él ya no está.
¿Qué ha pasado entonces en la negra noche?
¿Qué ha pasado entonces con el negro velo?
Qué cruel el destino se ensaña y se ensaña,
quebrando mi sueño de amores furtivos.
¿Qué espero entonces con estos mis sueños?

Que la negra noche sucumba en mi vida.
Que llene de hastío esta pobre vida,
porque yo en la vida no podría estar
sin estos mis sueños, que ya son mi vida.
¿Cómo puedo entonces evitar los sueños?
Fatídicos sueños, fatídica noche.
Hágase entonces siempre el sol candente;
sean siempre días de claras mañanas.
Sean siempre amores con suaves miradas;
sean siempre amados todos mis amores.

# NO SOY DE MÁRMOL

Aunque de mármol mi corazón tenga apariencia,
más delicado que una rosa es.
Sensible como él solo en esta existencia.
Frágil a ternuras y suaves caricias,
calienta este pecho en su palpitar.

En todo mi cuerpo se siente llamas vivas,
que solo mitigan tu beso extasiado.
Más cuando al dolor la calma fenece
convierte la  calma en grandes tormentas.
Rugidos muy fieros defiende mi alma.

De esto que es mi vida me muestra la muerte,
convierte mi cuerpo en muy dura roca,
que nadie podría descubrir en ella
la suave fragancia del amor secreto.
No es esta mi esencia, solo mi ropaje.

Cuando tú lo quitas soy muy vulnerable.
Pero deja así. No mi apariencia
de mármol moldeada con hierro fundida,
ponme mil corazas y mil cadenas,
al cabo mis lágrimas corroen en hierro.

# INCERTIDUMBRE

No se llame mi amor incertidumbre,
pues claro es como el día que asoma.
Más limpio que una gota de cristal
más suave que pétalos de rosas.
Su sonido son cantos y murmullos;
gemidos indecibles y voces sin sonido.
Su canto sólo cabalga en ilusiones
su vibrar como cuerdas de guitarra.

Mis dedos surcando en tu rostro
las huellas de este amor entre nosotros,
más pierdo el aliento, si pierdo tus besos;
tus besos, tus besos oh dios como me llegan.
Como el sediento por su vida en el desierto,
como el moribundo por unas gotas de vida,
qué magia, ¡Qué magia! tienen esos besos.
No te vayas nunca, quédate conmigo.
Por qué aquí y ahora es mi vida y vivo.

# ¿ESTÁS… O, ESTOY?

No sé si vengo a ti
o es que tú vienes a mí.
Sólo sé que estás en mí
como también yo en ti.
Se confunden los sentidos.
No sé si te miro o me miras;
pero al mirarme no sientes
mi presencia junto a ti.
Sé muy bien que estoy
sin estar mi cuerpo aquí.
Cómo decirte que siento
lo que no he sentido aún,
cómo expresarte que lloro
sin que haya lágrimas en mí.
Sólo puedo yo mirar el viento
y echarme a reír,
de este dilema en mí…
Estando, sin yo estar aquí.

# ENCANTADOR

Dulce, cálido y tierno,
tu mirada de encantador,
tus manos suaves, despaciosas,
adormecen, estremecen,
envueltas en fuego están
tu voz es melodía,
que fácil llega a mi alma.

Tus cuentos y esas historias
fantasiosas, envolventes
muy atenta en mis sentidos,
tú siembras ganas de amar.

En espera está mi cuerpo;
arde siempre en el querer,
y se embriaga de placer.
Necesito de tu voz,
necesito de tu cuerpo.

Gotas de amor escondidas
que mitigan este ser.
Bésame, bésame siempre;
no me dejes de besar,
sólo en estos tus besos
encuentro vida y placer.

# NO ESPERO QUE ME QUIERAS

No espero que me quieras…
Sólo he decidido quererte;
quererte como tú eres,
y también por lo que eres.

Con tus instantes de sueño,
con tus muy pocas llamadas,
no espero que me quieras…
¡Pero si me quieres, dímelo!

Que no esperando quereres
añoro yo tu querer…
Sólo instantes pequeños,
estos instantes pequeños,
me llenan de fuego el alma.

# AÑORANZAS

No hace mucho te quería.
Cómo añoraba tus besos;
cómo ansiaba tus caricias,
la calma perdía en ellas.

Mi ansiedad se convertía en dicha.
Hoy sólo eres mi feliz recuerdo.
Sin la añoranza de ayer,
sin las ansias de tenerte.

Sólo entendiendo que ahora
estás sin que estés presente,
sólo entendiendo que ahora
te tengo aunque estés ausente.

# VIVIENDO VOY MURIENDO

No vivo yo por vivir.
Tampoco quiero morir.
Si tan sólo yo viviendo
dejase de existir,
entonces porque yo vivo,
si viviendo voy muriendo.

No vivo yo por vivir
sin motivo y sin razón.
Yo vivo para amarte
con motivos y razón;
qué importa entonces morir,
si viviendo voy muriendo.

Dame entonces tu mano;
caminemos, caminemos.
Compartiremos tus besos
que prolongan mi existencia.
juntos disfrutaremos
del placer de amarnos siempre.

# DECISIONES

Como decidí quererte,
ahora decido olvidarte
porque te ofrecí mi amor
y me ofreciste tu olvido.

Mi amor todo te entregué;
lo que tenía te brindé.
No importa que no me quieras
si ya disfruté tus besos.

Tus amores me alentaron,
fueron mi combustible
para entender que en la vida,
se vive para amar.

# QUÉ DE AMORES

¿Qué me preguntas de amores?
Qué se yo de eso, señores,
si mi alma en este cuerpo
sólo bebe desamores.

Lo que ayer era ya no es.
Lo que viene nadie sabe.
Sólo sé mi buen señor
que tengo lo que hoy yo tengo.

Que entre amores y desamores
he saboreado las mieles
y me ha quedado el vinagre.
Yo he elegido en mi camino

La dulzura de los higos,
pero para disfrutar del higo
debo lidiar sus espinos.
Qué sería de ese higo.

¿Si no tuviera espinos?
No se tendría porque andar,
ni el tiempo que transcurrir.
Cómo puedo entonces yo
¿Hablarte de mis amores?
Si están ellos en mi piel
con sabores y sinsabores.

# MI ALIENTO...

Dejadme... dejadme ahora.
Dejadme besar tu boca.
En ella encuentro mi aliento,
aliento para mi vida.

Dejadme besar tu boca,
esa boca enamorada.
Déjenme besarte sí,
dejadme besar tu boca.

En ella yo encuentro vida.
En ella vuelve mi aliento.
Tu alma aviva mi cuerpo
pues mi cuerpo se estremece.

# LO QUE TENGO

¿Que escriba yo de pesares?
Qué sé yo de eso señores,
si yo aquí en esta vida,
yo ya no tengo pesares.

Todo lo que quise tuve.
Todo lo que tengo, tengo.
Todo lo que quise, soy.
Todo lo que soy, lo soy.

Cómo podría entonces,
¿Hablaros de desamores?
Si está que es mi vida
idilio continuo invoca.

Festividad continúa
aduce este ser que soy.
Se ensancha mi corazón,
sus impulsos son copiosos,
son de pura exaltación.

Exaltación por la vida,
siente mi corazón.
Es mi vida un milagro
que celebro con pasión.

# EL OCASO DE UNA MADRE

Quiero hoy hablar de ti, madre querida.
¿Qué vejámenes y soledades hemos propiciado?
En nuestro afán de volar,
cuantas veces tu pecho hemos herido.
Muchas quejas guardaste en silencio.
Enlutada y mal herida a tu estirpe has protegido.

¿Somos acaso tus hijos responsables de tu dolor?
¿Y con días jocosos quisimos pagar tus afrentas?
Contados fueron aquellos momentos de felicidad,
Pero sin embargo tu rostro siempre sonrió.

De melancolía y añoranza se viste hoy tu recuerdo.
Sin embargo te prolongas a través de tus hijos.
Toda tu vida se plasmará en siete vidas más.
Y, esta vida tuya se enreda entre espinos de alegría.

¿Qué fue de tus tiempos mozos?
Perdura en tu recuerdo la hermosa belleza de
aquellos momentos con bailes y risas.
¿Qué fue de tu esfuerzo y tanto trabajo?
La vela que alumbraba, gasto su pábilo.

Se terminó de imprimir esta obra,
en Editorial Grafiboy, de la ciudad de Tunja,
en el mes de octubre del 2020